AF143067

Je tiens à remercier ma grande amie Asmin pour le soutien et l'amour qu'elle m'a apporté durant la création et la publication de ce livre.

Je tiens à remercier ma famille pour l'amour qu'ils m'ont apporté tout ce temps.

Édition : BoD – Books on Demand, info@bod.fr
Impression : BoD – Books on Demand, In de
Tarpen 42, Norderstedt (Allemagne)
Impression à la demande
Dépôt légal : Mai 2023
Auteur: © 2023 Jodie Doue
ISBN: 978-2-3224-7173-7

Au plus profond

de mes sombres pensées

Jodie Doue

Avez-vous déjà ressenti votre cœur se brise ? Cette sensation que quelque chose se brise à l'intérieur de vous comme s'il s'agissait d'un miroir.

Je suis le genre de fille…
Je suis le genre de fille qui va pleurer toute la nuit, mais qui va se
lever le matin, allé en cours et s'occuper de ses amies,
les écoutes et les conseiller.
Je suis le genre de fille qui va pleurer avec
ses amies quand elles vont mal, mais
qui va pleurer seul quand elle va mal.
Je suis le genre de fille qui va donner de l'amour, mais qui ne va pas
en reçois et qui se satisfait de ça.
Je suis le genre de fille qui ne veut pas avouer qu'elle va mal,
car elle doit aider les autres.
Je suis le genre de fille qui a un large sourire et qui rit aux éclats
pendant la journée, je suis aussi celle que
l'on retrouvera en pleurs toute la nuit.
Je suis le genre de fille qui laisse tellement passer les autres avant
elle, jusqu'à ce qu'elle finisse par être tellement fatiguée,
qu'elle ne peut plus pas avoir assez de force pour pouvoir se lève
le lendemain matin.

Une confiance détruite
Une trahison douloureuse
Et des milliers de larmes versées

Du rire aux larmes
De je t'aime à je te hais

Voilà de quoi je suis passé, mon poids, je l'ai aimé pour
me protéger des critiques, du harcèlement. Mais j'ai fini par ne plus
en pouvoir, je me trouvais trop grosse, je sentais que
c'était trop. Je n'avais plus le courage de me regarder dans
un miroir ni la force de m'acheter des nouveaux
vêtements. Je voyais des vêtements et je pleurais,
car je savais qu'ils ne miraient pas.

Parler de mon poids revenait à pleurer, je me sentais
impuissante face à ce physique qui ne voulait pas me quitter.

J'essaye d'éviter les miroirs de ma maison, car ce qu'il reflète ne me
plaît pas, je suis sûr que le monde voit ce que le miroir me montre,
alors
comment vivre en sachant que le monde entier voyait une image q
ue je n'aimais pas.
Comment me lever le matin pour continuer à être mal malaise
devant les gens,
être entouré de gens en rêvent de changer de corps et
de mentalité. Je voulais vivre ce fameux Glow Up.

Vouloir être entouré pour ne pas penser, cependant désiré être seule pour ne pas avoir à mentir.

Trois ans de souffrance
Trois ans de larmes
Trois ans de faux sourires

Les vrais et les faux-amis ont été le problème de ces trois ans. J'ai cru que j'avais des amies, j'ai cru qu'on était dans le monde des Bisounours. On ne m'avait jamais autant fait souffrir pourtant à chaque couteau, je pardonnais. Suis-je bête ? Sûrement...

Les mensonges font du mal, néanmoins les vérités détruisent principalement quand tu ne t'attends pas à ça.

Un jour de plus ou tout le monde pense me connaître. Sur mon visage, se transmettent joie et sécurité, pourtant au fond de moi je ne sens que triste et insécurité. Une nuit, de plus, les yeux ouverts, qu'est qui se passe vraiment en moi ? À travers moi déambule un autre monde, d'autres pensées et une autre vision.

On dit que dans la vie, il faut se surpasser, mais que fait-on une fois qu'il n'y a plus de force ?

Je sais que tu ne veux pas parler de lui, mais j'ai besoin d'être sincère. Alors, oui, tu as peut-être raison qu'il s'en fout de moi, c'est peut-être une mauvaise personne, mais pour l'instant, c'est le seul garçon qui ne m'a pas encore trahie et c'est sûr qu'il va m'abandonner, en sois je suis déjà préparé à ça, mais pour une fois dans ma vie, j'ai envie de faire semblant que tout va bien se finir et que personne ne va me faire du mal.

Alors, oui, je le défends, je sais, je suis qu'une conne qui n'a encore rien appris de toutes ces souffrances, mais ce sont mes souffrances, ce sont mes cicatrices et elles prennent du temps à disparaître même si la douleur n'est plus.

Je suis heureuse de croire qu'il ne va pas me faire un coup bas, j'ai envie de croire en cette possibilité. J'ai envie de croire que de toutes ces années ça n'as pas été moi le problème.

Alors c'est sûrement égoïste de ma part, mais c'est comme ça et pas autrement, j'ai passé tout mon temps à me mettre à la place des autres, à les comprendre et à être loyal, mais je n'ai reçu que de la haine, de la jalousie et des moqueries.

Maman sèche mes larmes sans savoir pourquoi elles coulent. Je n'ai pas d'explication à mon calvaire pourtant, il est là. Il fait mal. Il brûle.

Lorsqu'on parle de la douleur d'un cœur brisé, on pense parler d'amour, mais jamais assez de la douleur que crée un cœur brisé par l'amitié. Par cette personne que tu considères comme un membre de ta famille et qui finit par te faire du mal.

On ne parle jamais du traumatisme que laisse le fait devoir supprimer et effacé chaque souvenir que tu as avec cette personne pour essayer d'oublier la souffrance.

On ne parle pas assez de la peine, causé à notre cœur de devoir dépassé dans la rue une personne que tu appelais mon amie, ma sœur.

On nait seul et on meurt seul.
Il n'y personne avec nous dans le cercueil.

Comment m'en sortir ?

Existe-t-il vraiment un pansement pour le cœur ?

Peut-on guérir une blessure qui saigne depuis plusieurs années ?

Les souvenirs, une fenêtre pour regarder les actions du passé.
Cette fenêtre qui devient une porte lorsque le passé est douloureux,
triste et sans vie.
Les souvenirs, une porte ouverte qui sert de passerelle pour revivre
et ressentir les douleurs du passé.

Tout a un début et une fin.

Hey future Jodie, on est en août 2020 quand je t'écris cette lettre et comment te dire que j'espère beaucoup de chose pour notre futur. C'est sûrement la deuxième lettre que tu reçois de moi, mais on avance dans le temps et les choses commencent déjà à s'améliorer depuis la dernière lettre.

Je sais ce que tu penses que je suis très problématique après avoir fait plusieurs dépressions ou déprimé, appelle ça comme tu veux.

Future moi, j'espère que tu vas bien. Je veux que tu sois heureuse et surtout que tu as confiance en toi et en ce que tu vaux !

Une pluie de souvenirs pour une pluie de larmes.

J'ai su que tout allait mal quand j'ai commencé à me forcer à sourire.

J'ai su que tout allait mal quand les larmes commencent à couler seules.

J'ai su que tout allait mal quand mes yeux n'arrivaient plus à se fermer malgré la fatigue.

Et si mes yeux pouvaient parler ?
Et si mes yeux pouvaient te parler ?
Que penses-tu qu'ils te diraient ?

Comment on fait pour ne plus sentir ?
Comment faire semblant de ne plus sentir ?
Ne plus te voir lorsque mes yeux se ferment.

À tel point ton envie de me faire du mal était forte que tu n'as su voir que mes yeux te demandaient un répit.
Un moment pour me laisser respirer.

Une trahison est un couteau dans le dos et toi tu voulais que le tien soit le plus profond que mon dos allait recevoir.

Tes yeux n'ont pas su voir tout ce que j'avais fait pour toi.
Tes yeux n'ont pas su voir l'amitié que j'avais pour toi.
Ton cœur était fermé à ma voix, ma douleur, à mes pleurs…

Tu avais le pouvoir de m'aimer.
Tu avais le pouvoir de me rendre heureuse.
Tu avais le pouvoir de me détruire.

Avoir un bon cœur.
Savoir aimer les autres.
Deux punitions aux douleurs infinies.

J'aurais voulu rester au moment où mes yeux brillaient d'amour pour toi.

Jodie, lève-toi et va loin de la douleur, tu ne la mérites pas !

Es-tu sûr de ne pas la mériter ?
Où sont toutes tes amies ?
Pourquoi es-tu seule ?
Elles sont toutes partie après t'avoir poignardé ?
Elles ont organisé et préparé la manière de te tuer.
Et te voilà là couché au sol entre javel et larmes.
Écoutant ton cœur se vider de son sang !
La vie t'avait prévenue !

L'amour n'est pas que bonheur, mais chagrin aussi.

Aimer, c'est pardonner, mais s'aimer soi-même, c'est ne pas retourner vers la cause de la blessure.

Parle-moi d'amour.
Parle-moi de bonheur.
Parle-moi d'un monde meilleur.
Parle-moi de ce que je ne connais pas.

La peur de dormir
C'est la peur de réaliser que nous ne rêvions pas.

J'imagine ce qu'aurait été ma vie si je ne les avais pas rencontrées. Aurais-je été heureuse ?

On rêve tous du fameux « Happy End » des contes de princesses. De cette victoire du bien sur le mal.

On devait partager l'amour, mais il préfère partager la haine.

Comment peut-on appeler « amie » une personne qui nous humilie pour se mettre en valeur ?

Je me sentais coupable d'avoir mon père près de moi, car tu n'avais pas le tien.

Je me sentais triste d'avoir une aussi grande famille alors que vous étiez si peu.

Mais toi, tu me voyais comme la grande méchante de ta vie.

Tu m'en voulais pour des choix qui n'étaient pas de ma volonté.

L'amour des autres ne te rendra pas heureuse, si tu ne t'aimes pas !

Ils cherchent à ce que je sois parfaite dans ce monde imparfait.
Où tout se résume à trop ou pas assez.

Une vie sombre cachée dans un miroir brisé.

Qui croit en moi ?
Qui m'aime ?
Qui me ment ?

J'étais sûrement trop jeune pour me poser ces questions.

Connaissez-vous l'histoire du harcelé qui devient harceleur ?
On m'a harcelé et j'ai harcelé.
Le fameux rendre le mal par le mal
Sachez que la douleur ne part pas et le mal fait en retour n'apaise
pas.

Comment être heureuse ?
La question qui vaut de l'or.

Je ne crains plus la mort.
Car j'ai déjà essayé de la provoquer dans ma vie.

On ne peut regagner une confiance perdue ! La méfiance est toujours là même aussi petite qu'elle soit.

Tu étais la personne parfaite au mauvais moment

Je regrette tellement…

Mes souvenirs me détruisent.
Mes pensées me tourmentent.

Il faut tourner la page pour avancer.
Moi, je veux changer de livre !

Une feuille blanche pour écrire une meilleure vie.

Je n'aurais pas dû écouter ces paroles.
Elles m'ont fragilisé à jamais.
J'ai découvert une autre réalité.

Je t'aimais beaucoup trop pour une personne qui ne s'aimait pas assez soi-même.

« Si une personne t'aime vraiment, elle ne te lâchera jamais même si c'est compliqué. »

Mais penses-tu à la santé mentale de cette personne.
As-tu déjà réfléchi aux blessures qui ont été ouvertes à cause de toi ?

Cette citation est comme une prison, un piège. Elle te coince dans une culpabilité qui te ronge jusqu'à ton dernier morceau de chair.

Tout te donner pour finir seule et vide
Sans vie, sans cœur.

Si personne ne doit rester dans un endroit qui ne lui apporte que de la peine alors personne ne doit rester avec une personne qui ne lui apporte que de la peine.

Ferme les yeux
Arrête de te battre.
Cours vers la lumière.
Ici, tu trouveras la paix.

C'est dans le silence que l'on trouve la paix.

Je pense et repense. Je retourne cette situation dans tous les sens. Je vois mille et une solutions qui auraient pu éviter toute cette souffrance.

Les mains qui tremblent
Les larmes coulent
Le cœur qui s'accélère
Les pensées se bousculent
La respiration qui nous abandonne
Ce n'est rien de grave, juste une routine

Le souvenir de nous sera les larmes versées, les cris et ton insensibilité envers moi.

Après des années de pleurs et de douleurs, j'ai trouvé mon pansement.
J'ai trouvé celui qui a su refermer la plaie.
J'ai trouvé celui qui a recollé les morceaux.

Son nom, c'est Dieu !

Il y a toujours un espoir de changer les choses.
Il y a toujours une chance de changer les choses.
Il y a toujours une possibilité de changer les choses.
Mais pour ça, il te faut croire en toi.
En Dieu et en toutes les raisons de ta venue sur la terre.